Gudrun Schmitt

Fantastische Tontopfwelten

Gebäude und Figuren aus Tontöpfen

Fotos: frechverlag GmbH, 70499 Stuttgart;
Fotostudio Ullrich & Co., Renningen

Dieses Buch enthält:
1 Vorlagenbogen

Auflage: 5. 4. 3. 2. 1. | Letzte Zahlen
Jahr: 2007 2006 2005 2004 2003 | maßgebend

frechverlag GmbH, 70499 Stuttgart
ISBN 3-7724-3197-6 · Best.-Nr. 3197
Druck: frechdruck GmbH, 70499 Stuttgart

Träumen Sie von einer schöneren Welt? Dann können Sie sich Ihre eigene Welt mit Tontöpfen kreieren. Im Buch finden Sie Beispiele für eine tropische Unterwasserwelt, ein traumhaftes Märchenschloss, fremde Kontinente und vieles mehr.

Die fertigen Modelle können Sie liebevoll in der Wohnung dekorieren oder verschenken. Außerdem sind Sie prima für Kinder geeignet. Die Welt aus Tontöpfen lässt sich einfach zum Spielzeug für Rollenspiele umfunktionieren.

Viel Spaß beim Basteln und Spielen mit Tontöpfen wünscht Ihnen

Ihre

Material

- Tontöpfe, Rosentöpfe und Glockentöpfe in verschiedenen Größen
- Untersetzer in verschiedenen Größen
- Bastelfarbe
- Tonkarton in verschiedenen Farben
- Feinwellpappe
- Perlen in verschiedenen Größen und Farben
- Papierdraht in verschiedenen Farben
- Aludraht, ø 0,2 cm
- Bast
- Bastelstrohhalme in Natur
- Konturenfarbe in Silber
- Satinband in Weiß, 0,3 cm breit
- Tüllrest in Weiß
- Wattekugeln
- Styroporkugeln
- Kordel
- Tüllband
- Teilbare Plastikkugeln
- Schaschlikstäbe
- Chenilledraht in Weiß
- Nylonfaden

Werkzeuge

- Schere
- Cutter und Schneideunterlage
- Pinsel
- Nähnadel
- Zirkel
- Bleistift
- Radierer
- Heißklebepistole
- Alleskleber
- Sekundenkleber
- Dünner, wasserfester Stift in Schwarz und Weiß
- Buntstift in Rot

So wird's gemacht

Tonkartonschablonen herstellen

Transparent- oder Butterbrotpapier auf den Vorlagenbogen legen und das Motiv mit dem Bleistift abpausen. Dieses wird auf dünnen Karton geklebt und ausgeschnitten. Nun ist die Vorlage fertig und kann mehrfach verwendet werden. Die Schablone wird auf den gewünschten Tonkarton gelegt und die Umrisse mit Bleistift nachgezogen. Die Motive werden ausgeschnitten, bemalt und laut Vorlagenbogen und Abbildung zusammengeklebt.

Tontöpfe bemalen

Die Bastelfarbe wird mit einem dickeren Pinsel auf die Tontöpfe aufgetragen, kleine Flächen mit einem dünnen Haarpinsel bemalt. Da helle Farben schlecht decken, wird der Topf zunächst mit weißer Bastelfarbe vorgestrichen und nach dem Trocknen mit der hellen Farbe übermalt.

Gebäude herstellen

Zum Zusammenkleben der Tontöpfe benutzt man am besten Sekundenkleber. Hierbei ist darauf zu achten, dass dieser eine längere Zeit trocknen muss, bevor alles richtig fest ist.

Figuren fertig stellen

Zunächst werden die Arme der Figuren aus Papierdraht gebogen, der in der Mitte zu einer Schlaufe gelegt wird. An das Ende eines ca. 3 cm langen Drahtes wird mit Heißkleber eine Perle angebracht. Diese wird von innen in den Tontopf geklebt und der Draht durch die Öffnung nach außen gezogen.
Die Arme werden mit der Schlaufe über den so entstandenen Hals gezogen und mit einem Punkt Heißkleber befestigt. Nun können Kopf und Hände angebracht werden. Bei einigen Figuren ist der Kopf seitlich angebracht. Hier wird eine Holzperle mit Heißkleber direkt auf den Tontopf geklebt und der Kopf an der Perle befestigt. Bei einigen Figuren sind die Köpfe direkt auf den Tontöpfen befestigt. Am besten verwendet man hierzu Sekundenkleber.

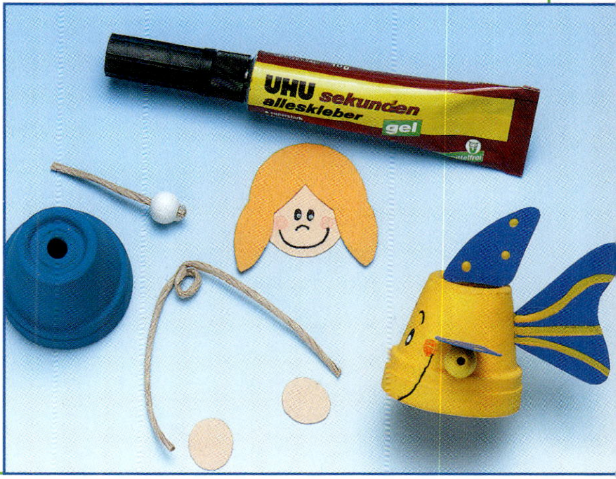

Auf dem Bauernhof

Material

Schweine
- 3 Tontöpfe, ø 3,5 cm
- Bastelfarbe in Rosa
- Tonkarton in Rosa
- 6 Perlen in Weiß, ø 0,7 cm
- Papierdraht in Weiß, 42 cm lang

Kuh
- 1 Tontopf, ø 4,5 cm
- Bastelfarbe in Weiß und Schwarz
- Tonkarton in Weiß-Schwarz gefleckt, Grau und Rosa
- 1 Perle in Weiß, ø 0,7 cm
- Papierdraht in Weiß, 27 cm lang

Pferd
- 1 Tontopf, ø 4,5 cm
- Bastelfarbe in Braun
- Tonkarton in Grau, Hell- und Mittelbraun
- Papierdraht in Natur, 24 cm lang
- Perle in beliebige Farbe, ø 0,7 cm

Hund
- 1 Tontopf, ø 3,5 cm
- Bastelfarbe in Grau
- Tonkarton in Weiß und Grau

Baum
- Je ein Tontopf, ø 5,5 cm und 6,5 cm
- Bastelfarbe in Braun
- Tonkarton in Rot und Hellgrün
- Feinwellpappe in Grün
- 4 Perlen in Braun, ø 1,2 cm
- Papierdraht in natur, 36 cm lang

Vorlagenbogen A

Tontöpfe bemalen, Tonkartonteile gemäß Vorlagenbogen ausschneiden und die Gesichter aufmalen.
Für die Schweinchen jeweils 2 x 2 cm und 2 x 3 cm weißen Papierdraht für die Beine und je 4 cm für das Ringelschwänzchen abschneiden. Für die Kuh 8 x 3 cm lange Stücke, wobei 4 für die Beine bestimmt sind, die restlichen Stücke werden als Schwanz aufgeklebt. Die verbleibenden 3 cm Draht werden zur Befestigung des Kopfes verwendet. An dessen Ende wird mit Heißkleber eine Perle befestigt. Beine und Schwanz des Pferdes bestehen ebenfalls aus 8 x 3 cm langen naturfarbenen Draht. Der Kopf wird an der Perle angebracht, die mit Heißkleber direkt am Tontopf befestigt wird. Beim Hund werden Pfoten und Schwanz umgeknickt und mit Heißkleber befestigt. Der Kopf ist direkt auf dem Tontopf festgeklebt.
Für den Baum werden drei Drahtstücke von 9 cm, 12 cm und 15 cm Länge durch eine Perle gezogen, die Enden festgeklebt und von unten durch die Öffnung des Tontopfes gezogen. Von der oberen Seite nochmals eine Perle durchziehen und mit Heißkleber befestigen. Wellpappe gemäß Abbildung an den Drähten mit Heißkleber festkleben, als Abstandshalter der zwei vorderen Baumteile von der Rückseite die zwei übrigen Perlen befestigen und am Baum festkleben. Für den Stamm die Tontöpfe übereinanderkleben.

Das Traumschloss

(Beschreibung Seite 10/11)

Das Traumschloss

(Abbildung auch Seite 8/9)

Material

Schloss

- 2 Rosentöpfe, ø 12 cm
- 2 Untersetzer, ø 17 cm
- 2 Untersetzer, ø 13 cm
- 2 Glockentöpfe, ø 9 cm
- 2 Tontöpfe, ø 4,5 cm
- 2 Tontöpfe, ø 3,5 cm
- Bastelfarbe in Gold, Weiß, Grau, Hell- und Dunkelgrün, Rosa, Braun, Pink und Flieder
- Konturenfarbe in Silber
- 2 Holzperlen, ø 1,1 cm

Brunnen

- 1 Tontopf, ø 3,5 cm
- 1 Untersetzer, ø 7 cm
- Bastelfarbe in Blau, Weiß und Gold
- Tonkarton in Hellblau

König und Königin

- 2 Tontöpfe, ø 4,5 cm
- Bastelfarbe in Rot, Weiß, Blau und Gold
- Tonkarton in Hautfarben, Rot, Weiß und Gold
- 2 Holzperlen in beliebiger Farbe, ø 0,7 cm
- Papierdraht in Natur, 24 cm lang

Vorlagenbogen A

Schloss

Töpfe gemäß Vorlage und Abbildung bemalen und gut trocknen lassen. Anschließend werden die Holzperlen mit Gold bemalt und das Schloss mit Sekundenkleber aufeinander geklebt.

Brunnen

Topf und Untersetzer gemäß Abbildung bemalen und mit Sekundenkleber befestigen. Wasserfontaine aus Tonkarton ausschneiden, am Ende umknicken und im Brunnen mit Heißkleber befestigen.

König und Königin

Tontöpfe nach Abbildung bemalen. Nach dem Trocknen die Tonkartonteile ausschneiden, bemalen und zusammenkleben. Papierdraht in 2 x 3 cm für den Hals und 2 x 9 cm für die Arme teilen und die Figuren, wie auf S. 4/5 beschrieben, fertigen.

Prinzessin mit Kutsche

Zwei Tontöpfe mit 4,5 cm Durchmesser für die Prinzessin in Hellblau, zwei für die Pferde in Weiß bemalen. Die Wagenräder werden mit goldner Bastelfarbe bemalt, das Muster auf der Kutsche wird laut Abbildung aufgemalt. Wagenräder und zwei weiße Perlen mit Heißkleber befestigen. Tonkartonteile ausschneiden, bemalen und Figuren fertigen, wie auf S. 4/5 beschrieben. Bei den Pferden wird ein Kreis mit einem Durchmesser von 1,3 cm aus Tonkarton oben auf die Öffnung des Tontopfes geklebt. Die Kordel wird laut Abbildung um den Kopf geschlungen und auf der Rückseite des Kopfes mit etwas Heißkleber fixiert. Der weiße Papierdraht wird in 16 x 4 cm lange Stücke geteilt, die für Beine und Schwanz verwendet werden. Die

Pferdeköpfe werden an zwei weißen Perlen angeklebt. Die Arme der Prinzessin bestehen aus 9 cm Draht, der Hals aus den verbleibenden 3 cm. Bevor die Prinzessin in die Kutsche geklebt wird, wird das Tüllband etwas gerafft an einen der blauen Tontöpfe geklebt und anschließend der zweite Topf dagegen geklebt. Nun wird der Tontopf mit 3,5 cm Durchmesser mit der Öffnung nach unten in der Kutsche befestigt, anschließend wird die Prinzessin mit Sekundenkleber darauf geklebt. Die Hände werden etwas umgebogen und mittig an der Kordel befestigt.

Material

Prinzessin mit Kutsche

- 1 Glockentopf, ø 10,5 cm
- 1 Tontopf, ø 3,5 cm
- 4 Tontöpfe, ø 4,5 cm
- Bastelfarbe in Weiß, Gold und Hellblau
- Tonkarton in Gold, Gelb, Hautfarben, Weiß und Grau
- 2 Wagenräder aus Holz, ø 5 cm
- Papierdraht in Natur, 12 cm lang
- Papierdraht in Weiß, 64 cm lang
- 5 Perlen in Weiß, ø 0,7 cm
- Kordel in Gold, 50 cm lang
- Tüllband in Dunkelblau, 4 cm breit, 30 cm lang

Vorlagenbogen A

Indianerdorf

Zunächst werden die Tontöpfe gemäß Abbildung bemalt.
Dann die Tonkartonteile nach Vorlage ausschneiden, bemalen und zusammenkleben. Die Töpfe werden mit Sekundenkleber aufeinandergeklebt. Die Arme von dem Indianer und der Squaw bestehen aus je 15 cm Papierdraht, die Beine aus je 10 cm. Der verbleibende Draht ist für die Befestigung des Kopfes. Die Figuren, wie auf S. 4/5 beschrieben, fertigstellen.

Material

Tipis

- 2 Tontöpfe, ø 9 cm
- 2 Tontöpfe, ø 4,5 cm
- Bastelfarbe in Braun, Beige und Grün
- 6 Holzstöckchen, ca. 8 cm lang

Häuptling und Squaw

- 2 Tontöpfe, ø 4,5 cm
- Bastelfarbe in Blau, Rot und Grün
- Tonkarton in Orange, Blau, Rot, Hautfarben und Schwarz
- Papierdraht in Natur, 76 cm lang

Totempfahl

- 3 Tontöpfe, ø 3,5 cm
- Bastelfarbe in Weiß, Orange, Rot, Schwarz, Blau, Grün, Braun und Gold
- Tonkarton in Schwarz
- 1 Feder in Schwarz, ca. 5 cm lang

Vorlagenbogen A

Unterwasserwelt

(Beschreibung Seite 16)

Unterwasserwelt

(Abbildung Seite 14/15)

Material

Unterwasserschlösser

- Je 1 Rosentopf, ø 12 cm und ø 16 cm
- Je 1 Untersetzer, ø 11 cm und ø 13,5 cm
- Je 1 Glockentopf, ø 9 cm und ø 10,5 cm
- 2 Tontöpfe, ø 3, 5 cm
- Bastelfarbe in Lila, Hellgrau, Vanille, Pfirsich, Weiß, Orange, Pink und Grün
- Tonkarton in Orange, Hellblau und Lila
- Papierdraht in Natur, 28 cm lang
- 6 Perlen in Weiß, ø 1,1 cm
- Konturenfarbe in Silber
- 4 Perlen in Natur, ø 0,7 cm

Neptun und Meerjungfrau

- 4 Tontöpfe, ø 3,5 cm
- Bastelfarbe in Hautfarbe, Lila und Türkis
- Tonkarton in Gold, Hautfarben, Weiß, Lila, Türkis und Grün
- Konturenfarbe in Silber
- Papierdraht in Natur, 20 cm lang

Seepferdchen

- 1 Tontopf, ø 3,5 cm
- Bastelfarbe in Lila
- Tonkarton in Türkis und Lila

Krebs

- 1 Tontopf, ø 3,5 cm
- Bastelfarbe in Orange
- Tonkarton in Weiß und Hellbraun
- Papierdraht in Natur, 6 cm lang
- Perle in Weiß, ø 0,7 cm

Schatzkrug

- 1 Tonkrug, ca. ø 4,5 cm, Höhe 6 cm
- Bastelfarbe in Hellgrau
- Perlen und Pailletten in verschiedenen Größen und Farben
- Nylonfaden

Vorlagenbogen A

Töpfe laut Abbildung und Vorlage bemalen und Tonkartonteile ausschneiden. Die Figuren fertigen wie auf S. 4/5 beschrieben.
Für den Tintenfisch 3 cm Papierdraht zur Befestigung des Kopfes und 5 x 5 cm für die Arme abschneiden. Die Arme des Meerkönigs und der Meerjungfrau bestehen aus je 10 cm Papierdraht. Die Augen der Krabbe werden mit 2 x 3 cm Draht befestigt, der zuvor durch eine weiße Perle gezogen wird. Anschließend wird die Perle innen in den Tontopf geklebt und die Drähte durch die Öffnung nach außen gezogen. Der Fisch bekommt die vier naturfarbenen Perlen mit Heißkleber angeklebt. Davor und darüber werden die Flossen befestigt. Für das Seepferdchen wird aus lilafarbenem Tonkarton ein Kreis in Größe des Tontopfes geschnitten und unter den Tontopf geklebt. Nun ist es möglich, den Schwanz durch Umbiegen der Enden festzukleben. In den Krug werden mit Heißkleber einige Pailletten, Perlen usw. geklebt, die zuvor auf einen Nylonfaden aufgezogen werden. Den Topf außen mit Pailletten verzieren.
Zum Schluss werden Gebäude und Figuren mit Sekundenkleber zusammengefügt.

Unterwasserwelt

(Beschreibung Seite 16)

Unterwasserwelt

(Abbildung Seite 14/15)

Material

Unterwasserschlösser

- Je 1 Rosentopf, ø 12 cm und ø 16 cm
- Je 1 Untersetzer, ø 11 cm und ø 13,5 cm
- Je 1 Glockentopf, ø 9 cm und ø 10,5 cm
- 2 Tontöpfe, ø 3, 5 cm
- Bastelfarbe in Lila, Hellgrau, Vanille, Pfirsich, Weiß, Orange, Pink und Grün
- Tonkarton in Orange, Hellblau und Lila
- Papierdraht in Natur, 28 cm lang
- 6 Perlen in Weiß, ø 1,1 cm
- Konturenfarbe in Silber
- 4 Perlen in Natur, ø 0,7 cm

Neptun und Meerjungfrau

- 4 Tontöpfe, ø 3,5 cm
- Bastelfarbe in Hautfarbe, Lila und Türkis
- Tonkarton in Gold, Hautfarben, Weiß, Lila, Türkis und Grün
- Konturenfarbe in Silber
- Papierdraht in Natur, 20 cm lang

Seepferdchen

- 1 Tontopf, ø 3,5 cm
- Bastelfarbe in Lila
- Tonkarton in Türkis und Lila

Krebs

- 1 Tontopf, ø 3,5 cm
- Bastelfarbe in Orange
- Tonkarton in Weiß und Hellbraun
- Papierdraht in Natur, 6 cm lang
- Perle in Weiß, ø 0,7 cm

Schatzkrug

- 1 Tonkrug, ca. ø 4,5 cm, Höhe 6 cm
- Bastelfarbe in Hellgrau
- Perlen und Pailletten in verschiedenen Größen und Farben
- Nylonfaden

Vorlagenbogen A

Töpfe laut Abbildung und Vorlage bemalen und Tonkartonteile ausschneiden. Die Figuren fertigen wie auf S. 4/5 beschrieben.
Für den Tintenfisch 3 cm Papierdraht zur Befestigung des Kopfes und 5 x 5 cm für die Arme abschneiden. Die Arme des Meerkönigs und der Meerjungfrau bestehen aus je 10 cm Papierdraht. Die Augen der Krabbe werden mit 2 x 3 cm Draht befestigt, der zuvor durch eine weiße Perle gezogen wird. Anschließend wird die Perle innen in den Tontopf geklebt und die Drähte durch die Öffnung nach außen gezogen. Der Fisch bekommt die vier naturfarbenen Perlen mit Heißkleber angeklebt. Davor und darüber werden die Flossen befestigt. Für das Seepferdchen wird aus lilafarbenem Tonkarton ein Kreis in Größe des Tontopfes geschnitten und unter den Tontopf geklebt. Nun ist es möglich, den Schwanz durch Umbiegen der Enden festzukleben. In den Krug werden mit Heißkleber einige Pailletten, Perlen usw. geklebt, die zuvor auf einen Nylonfaden aufgezogen werden. Den Topf außen mit Pailletten verzieren.
Zum Schluss werden Gebäude und Figuren mit Sekundenkleber zusammengefügt.

Besuch vom Mars

(Abbildung Seite 18/19)

Material

Weltraumstation

- 1 Rosentopf, ø 12 cm
- Je 1 Untersetzer, ø 7 cm und ø 13 cm
- Je 1 Tontopf, ø 3,5 cm, ø 5,5 cm, ø 6,5 cm und ø 11 cm
- 2 Tontöpfe, ø 4,5 cm
- Bastelfarbe in Blau, Silber, Lila und Türkis
- Tonkarton in Hellgrün
- Teilbare Plastikkugeln, 2 x ø 6 cm und 1 x ø 8 cm
- 1 teilbares Plastikei, ca. 6,5 cm x 9,5 cm
- 1 Styroporkugel, ø 4 cm
- Silbersterne zum Einstreuen
- Windradfolie, 0,4 mm stark
- Aludraht, ø 0,2 mm, 18 cm lang

Ufo

- Je 1 Untersetzer, ø 7 cm und ø 17 cm
- 3 Tontöpfe, ø 4,5 cm
- Bastelfarbe in Türkis, Blau und Silber
- Tonkarton in Blau
- 1 teilbare Plastikkugel, ø 12 cm
- 1 Holzkugel, ø 3 cm
- 1 Perle in Silber, ø 0,9 cm

Außerirdische

- 4 Tontöpfe. ø 3,5 cm
- Bastelfarbe in Blau, Lila, Türkis, Grün und Silber
- Tonkarton in Lila, Blau, Silber, Weiß, Türkis und Hellgrün
- Chenilledraht in Silber
- Papierdraht in Blau und Natur, je 12 cm lang
- Papierdraht in Grün, 20 cm lang
- 1 Perle in Silber, ø 0,9 cm
- 2 Perlen in beliebiger Farbe

Vorlagenbogen B

Die Tontöpfe werden laut Abbildung und Vorlage bemalt und die Tonkartonteile ausgeschnitten, bemalt und zusammengefügt. Die Figuren werden gefertigt, wie auf S. 4/5 beschrieben. Die Arme der Figuren bestehen jeweils aus 9 cm Papierdraht, der Hals aus 3 cm, bei dem grünen Männchen wird der Rest des Drahtes für die Beine aufgeteilt. Die Weltraumstation wird gemäß Abbildung mit Sekundenkleber zusammengefügt. Bevor die zwei Plastikkugeln an der Spitze des einen Turmes befestigt werden, wird der Aludraht in zwei 9 cm lange Stücke geteilt. In den Tontopf darunter wird die Styroporkugel geklebt. Nun kann der Draht durch die Öffnung des Tontopfes in der Styroporkugel befestigt werden. Bei dem zweiten Turm ist die Windradfolie als Einlegescheibe in Eiform geschnitten. So kann der Außerirdische auf die Folie geklebt werden und erhält Stabilität. Das Gesicht wird mit schwarzem Stift und weißer Farbe aufgemalt. Das Ufo wird laut Abbildung ebenfalls mit Sekundenkleber zusammengefügt. Der Aufhänger der Plastikugel wird mit einer Schere oder einem Cutter abgeschnitten.

Bevor die Füße des Ufos angebracht werden, auf den Boden blauen Tonkarton kleben. Diesen entsprechend der Größe des Untersetzers ausschneiden.

Besuch vom Mars

(Beschreibung Seite 17)

GRUNDSCHULE
ABC

Grundschule

Tontöpfe laut Abbildung und Vorlage bemalen und Tonkartonteile ausschneiden, anmalen und zusammenkleben.
Für die Kinder werden je 9 cm Papierdraht in Natur für die Arme und je 3 cm für die Befestigung des Kopfes benötigt. Die Arme der Lehrerin bestehen aus 11 cm Papierdraht, der Kopf ist ebenfalls an 3 cm Draht befestigt. Die Kinder bekommen Stifte, Hefte usw. mit Heißkleber angeklebt. An die Tafel der Lehrerin wird zusätzlich ein Schwamm zusammen mit dem weißen Faden geklebt.
An dem Schulgebäude wird die Uhr, die zuvor mit Konturenfarbe verziert worden ist, mit Sekundenkleber angebracht. Die drei aus Tonkarton geschnittenen Köpfe werden in die Fenster geklebt. Nun kann das Schulgebäude zusammengefügt werden.

Material

Schule

- 1 Rosentopf, ø 15,5 cm
- 1 Untersetzer, ø 17 cm
- 1 Tontopf, ø 3,5 cm
- Bastelfarbe in Weinrot, Miste , Hellblau, Grau und Weiß
- Tonkarton in Hautfarben, Gelb, Rot, Türkis und Weiß
- Konturenfarbe in Silber

Schüler + Lehrerin

- 5 Tontöpfe, ø 3,5 cm
- 1 Tontopf, ø 4,5 cm
- Bastelfarbe in Weiß, Rosa, Hellblau, Flieder, Grün, Rot und Dunkelblau
- Tonkarton in Orange, Rot, Braun, Hautfarben, Schwarz, Gelb und Türkis
- Papierdraht in Natur, 74 cm lang
- 6 Holzperlen in beliebiger Farbe, ø 0,7 cm
- Schwammrest
- Faden in Weiß

Vorlagenbogen B

Die Hochzeitsglocken läuten

Material

Kirche

- 1 Rosentopf, ø 12 cm
- Je 1 Untersetzer, ø 10,5 cm und ø 8,5 cm
- 1 Glockentopf, ø 9 cm
- 2 Tontöpfe, ø 3,5 cm
- 1 Tontopf, ø 5,5 cm
- Windradfolie, 0,4 mm stark, 19 cm x 11 cm
- Bastelfarbe in Grau, Hellblau und Vanille
- Konturenfarbe in Silber
- Lackstift in Weiß
- Tonkarton in Weiß
- 4 Holzperlen in Weiß, ø 0,9 cm
- 1 Holzperle in beliebiger Farbe, ø 1,4 cm
- Papierdraht in Weiß, 5 cm lang
- Etwas Basteldraht in Silber

Pfarrer, Brautpaar, Brautkinder

- 4 Tontöpfe, ø 3,5 cm
- 3 Tontöpfe ø 4,5 cm
- Bastelfarbe in Schwarz, Weiß, Grau, Rot und Rosa
- Tonkarton in Schwarz, Gelb, Hautfarben, Weiß, Braun und Hellgrün
- Papierdraht in Natur, ca. 80 cm lang
- Tüllrest in Weiß, 20 cm x 8,5 cm

Vorlagenbogen B

Kirche

Töpfe gemäß Vorlage und Abbildung bemalen und gut trocknen lassen. Windradfolie zu einer Rolle formen und mit Heftklammern zusammenheften. Bevor die Teile aufeinander geklebt werden, wird außen an dem Glockentopf eine Perle zusammen mit dem silbernen Basteldraht befestigt, der Draht durch die Öffnung nach innen gezogen und anschließend die Glocke befestigt. Dies geschieht ebenfalls mithilfe einer Perle in der Außen- und Innenseite der Glocke. Die Enden des Drahtes werden verdreht. Nun werden alle Teile mit Sekundenkleber zusammengefügt. Bevor die Kirchturmspitze festgeklebt wird, wird das Kreuz mithilfe einer Perle und Basteldraht auf den Tontopf befestigt.

Pfarrer, Brautpaar, Brautkinder

Tontöpfe laut Abbildung bemalen. Für die Befestigung der Köpfe 7 x 3 cm Papierdraht abschneiden und an einem Ende eine Perle mit Heißkleber befestigen. Die Arme bestehen aus je 9 cm Draht für den Pfarrer und das Brautpaar und je 7 cm für die Brautkinder. Die Tonkartonteile werden ausgeschnitten, bemalt, zusammengeklebt und an den Tontöpfen befestigt. Braut und Brautmädchen bekommen einen Blumenstrauß, den Sie zuvor gemäß Vorlage bemalt haben. Der Pfarrer bekommt die Bibel in die Hand. Zum Schluss bekommt die Braut den Schleier doppelt gelegt und etwas gerafft von der Rückseite aufgeklebt.

Material

Bäume

- 2 Tontöpfe, ø 3,5 cm
- Bastelfarbe in Grau
- Tonkarton in Hellgrün
- Aludraht in Silber, ø 0,2 cm, 16 cm lang
- Etwas Sand in Braun
- Satinband in Weiß, 0,3 cm breit, 2 x 20 cm lang
- 2 Wattekugeln, ø 2 cm

Vorlagenbogen B

Bäume

Für die zwei Bäumchen werden die Wattekugeln in die bemalten grauen Tontöpfe geklebt, der Aludraht in zwei Teile geteilt und in die Wattekugeln gesteckt. Die Bäumchen werden aufgeklebt, ebenso die Schleifen. Anschließend werden die Töpfe mit etwas Sand befüllt.

Schiff ahoi!

(Beschreibung Seite 26/27)

Schiff ahoi!

(Abbildung Seite 24/25)

Material

Leuchtturm

- 1 Tontopf, ø 13 cm
- 1 Tontopf, ø 9 cm
- 1 Tontopf, ø 5,5 cm
- 1 Tontopf, ø 4,5 cm
- 1 Untersetzer, ø 9 cm
- Bastelfarbe in Grün, Hellblau, Weiß, Grau, Schwarz und Gelb
- 1 Perle in Schwarz, ø 0,9 cm
- 1 Schaschlikstab aus Holz

Schiff

- 1 Untersetzer, ø 17 cm
- 1 Untersetzer, ø 13 cm
- 1 Tontopf, ø 9 cm
- 1 Tontopf, ø 3,5 cm
- Bastelfarbe in Weiß, Blau, Rot, Grau und Schwarz
- Tonkartonrest in Weiß
- Bambusstab in Natur, ø 0,5 cm, 12 cm lang
- Kordel in Dunkelblau, ø 0,5 cm, 90 cm lang
- Etwas Watte

Vorlagenbogen B

Leuchtturm

Tontöpfe laut Abbildung und Vorlage bemalen und gut trocknen lassen. Anschließend mit Sekundenkleber aufeinanderkleben. Schaschlikstab auf 6 cm kürzen, schwarz bemalen und am Ende eine Perle mit Heißkleber befestigen. Anschließend wird beides in der Öffnung des oberen Tontopfes festgeklebt. Dann den Leuchtturm zusammenkleben.

Schiff

Untersetzer und Tontöpfe gemäß Abbildung und Vorlage bemalen und trocknen lassen. Kleinen Kreis mit einem Durchmesser von 15 mm aus weißem Tonkarton ausschneiden und über der Öffnung des oberen Tontopfes befestigen. Rettungsring ausschneiden und bemalen. Nun werden die Teile mit Sekundenkleber zusammengefügt. Der Bambusstab wird für die Reling in acht gleich lange Teile geschnitten und mit Sekundenkleber befestigt. Anschließend wird die Kordel um die Reling geklebt, verknotet und an dem verbleibenden Ende am Rettungsring befestigt.
Den Schornstein mit etwas Watte dekorieren.

Kapitän und Matrosen

Tontöpfe bemalen und gut trocknen lassen. Tonkartonteile ausschneiden, laut Vorlage bemalen und zusammenfügen. Papierdraht in 4 x 12 cm und 4 x 3 cm für die Matrosen und 10 cm für die Arme des Kapitäns schneiden. Figuren fertigen, wie auf S. 4/5 beschrieben. Hände der Matrosen gemäß Abbildung festkleben und die Perlen als Verzierung anbringen. Beim Kapitän wird der Kopf direkt am Tontopf befestigt, ebenso die Drahtarme mit den Händen. Hier werden ebenfalls Perlen als Verzierung mit Sekundenkleber angebracht.

Material

Kapitän und Matrosen

- 5 Tontöpfe, ø 4,5 cm
- Bastelfarbe in Weiß, Blau und Rot
- Tonkarton in Hautfarben, Orange, Weiß, Blau und Rot
- Papierdraht in Natur, 70 cm lang
- 8 Indianerperlen in Dunkelblau ø 0,3 cm
- 6 Indianerperlen in Hellblau, ø 0,3 cm
- 4 Holzperlen in beliebiger Farbe, ø 0,7 cm

Vorlagenbogen B

Im hohen Norden

Material

Iglu
- 1 Glockentopf, ø 13 cm
- 1 Tontopf, ø 3,5 cm
- 1 Tontopf, ø 4,5 cm
- Bastelfarbe in Weiß, Grau, Rot, Blau, Hellgrün und Gelb
- Konturenfarbe in Silber
- Strukturschnee in Weiß
- Tonkarton in Gelb
- 2 Holzperlen in Gelb, ø 0,5 cm

Eskimo
- 1 Tontopf, ø 4,5 cm
- Bastelfarbe in Hellblau
- Tonkarton in Hautfarben, Weiß und Schwarz
- Chenilledraht in Weiß, 21 cm lang
- Papierdraht in Natur, 13 cm lang

Pinguine
- 2 Tontöpfe, ø 3,5 cm
- Bastelfarbe in Weiß und Schwarz
- Tonkarton in Schwarz, Weiß und Orange

Eisbär
- 1 Tontopf, ø 4,5 cm
- Bastelfarbe in Weiß
- Tonkarton in Weiß und Grau
- Chenilledraht in Weiß
- 2 Holzperlen in Weiß, ø 0,7 cm
- Papierdraht in Weiß, 3 cm lang

Vorlagenbogen B

Zunächst werden die Töpfe laut Abbildung bemalt, die Pinguine halb weiß und halb schwarz. Nach dem Trocknen den Strukturschnee und die Konturen auf dem Iglu anbringen. Figuren wie auf S. 4/5 beschrieben fertigen. Der Eisbär bekommt Pfoten und Schwanz aus jeweils 2 cm langen Chenilledrahtstücken, die rund gebogen und aufgeklebt werden. Für den Eskimo werden jeweils 2 cm Chenilledraht für die Hände und 17 cm für den Pelz des Mantels benötigt. Knöpfe usw. werden mit einem wasserfesten, weißen Stift aufgemalt.
Der Tannenbaum wird auf das Iglu, die Pinguine auf die Eisschollen mit Heißkleber festgeklebt. Eisschollen mit etwas Strukturschnee verzieren.

Afrikanisches Dorf

(Beschreibung Seite 32)

Afrikanisches Dorf

(Abbildung Seite 30/31)

Material

Hütten
- 2 Glockentöpfe, ø 10,5 cm
- Bastelfarbe in Grau
- 30 Bastelstrohhalme in Natur
- Etwas Bast in Natur

Menschen
- 3 Tontöpfe, ø 3,5 cm
- Tonkarton in Weiß, Schwarz und Hellbraun
- Etwas Bast in Rosa und Hellblau
- Papierdraht, 36 cm lang

Giraffe, Löwe, Affe
- 3 Tontöpfe, ø 3,5 cm
- Bastelfarbe in Gelb und Braun
- Tonkarton in Gelb, Hell- und Mittelbraun
- 2 Holzperlen in Natur, ø 0,7 cm
- 6 Holzperlen in Gelb, ø 0,7 cm
- Papierdraht in natur, 52 cm lang

Baum
- Je 1 Tontopf, ø 5,5 cm, ø 4,5 cm, ø 3,5 cm
- Tonkarton in Hellgrün
- Papierdraht in Natur, 52 cm lang
- 2 Holzperlen in Braun, ø 1,1 cm

Vorlagenbogen B

Tontöpfe gemäß Abbildung und Vorlage bemalen. 2 cm lange Baststücke für den Rock abschneiden und mit Heißkleber an den Tontöpfen anbringen. Den naturfarbenen Draht in je 3 cm lange Stücke für den Hals und 9 cm für die Arme abschneiden. Figuren wie auf S. 4/5 beschrieben fertigen.
Für die Giraffe 4 x 5 cm Papierdraht für die Beine, 3 x 3 cm für den Schwanz und 6 cm für den Hals abschneiden und laut Abbildung fertigen. Der Schwanz des Löwen besteht aus 7 cm Draht, der des Affen aus 10 cm Papierdraht. Dieser wird auf der Innen- und Außenseite mit je einer naturfarbenen Perle befestigt.
Für den Baum werden drei Drahtstücke von 15 cm, 17 cm und 20 cm durch eine braune Perle gezogen und am Ende festgeklebt. Die Perle wird von innen in den Tontopf geklebt, die Drähte durch die Öffnung nach außen gezogen und nochmals mit einer Perle befestigt. Die Töpfe für den Stamm aufeinanderkleben und die Tonkartonteile anbringen.
Die Dächer der Hütten sind aus Strohhalmen gefertigt, die zunächst in warmes Wasser gelegt werden. Nach einer Weile werden sie mit einem Cutter aufgeschnitten und glatt gebügelt. Sie werden mit Heißkleber an den Tontöpfen befestigt und mit dem naturfarbenen Bast zusammengebunden.